EDELVAN JOSÉ DOS SANTOS

MEU PAPAI DO CÉU

Direção Editorial:	Pe. Fábio Evaristo R. Silva, C.Ss.R.
Coordenação Editorial:	Ana Lúcia de Castro Leite
Revisão:	Bruna Vieira da Silva
Diagramação e Capa:	Mauricio Pereira
Ilustração:	Waldomiro Neto

ISBN 978-85-369-0561-7

1ª impressão

Todos os direitos reservados à **EDITORA SANTUÁRIO** – 2019

Rua Pe. Claro Monteiro, 342 – 12570-000 – Aparecida-SP
Tel.: 12 3104-2000 – Televendas: 0800 - 16 00 04
www.editorasantuario.com.br
vendas@editorasantuario.com.br

Este livro é um presente de

_____

para

_____,

filho(a) amado(a) do Papai do Céu.

Há muitos e muitos anos
esta história começou.
Nada existia, tudo era escuridão...

Então, uma grande luz apareceu
em meio do nada.
Surgiu um ser iluminado:
Deus, o nosso Papai do Céu.
E foi assim que tudo aconteceu...

Deus estendeu a mão sobre o infinito.
O céu azul sobre as águas do mar Ele criou.
Ele também fez a terra e as montanhas,
o sol, a lua e as estrelas.

Na terra, animais fizeram suas tocas;
no céu, lindos pássaros a voar;
no mar nadam peixinhos coloridos;
e os campos, flores coloridas a enfeitar.

Papai do Céu, vendo que tudo era bom,
também criou o homem e a mulher,
para serem seus bons amigos.
E do mundo deveriam cuidar.

Mas, com o pecado, as brigas começaram.
Deus ficou triste: o mundo
Ele precisava salvar.

Passaram anos e anos,
e o Papai do Céu teve uma grande ideia:
enviou o Espírito Santo à Terra
e iluminou uma jovem chamada Maria.

Maria sentiu o Amor Divino,
e desse amor nasceu Jesus,
o Filho amado de Deus
que a humanidade iria salvar.

Por isso rezo a Maria:

"Ave, Maria, cheia de graça,
o Senhor é convosco,
bendita sois vós entre as mulheres
e bendito é o fruto do vosso ventre, Jesus.
Santa Maria, Mãe de Deus,
rogai por nós, pecadores,
agora e na hora da nossa morte. Amém".

Jesus cresceu e a Deus muito amou.
Morreu e salvou a terra inteira.
Ressuscitou e subiu ao Céu.
Está com o Pai, sentado a seu lado.

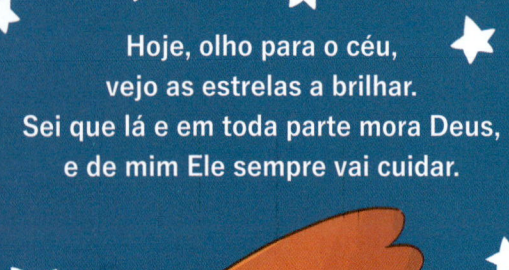

Hoje, olho para o céu,
vejo as estrelas a brilhar.
Sei que lá e em toda parte mora Deus,
e de mim Ele sempre vai cuidar.

Papai do Céu observa das nuvens toda a sua criação na Terra. A toda hora envia seus valentes anjinhos, defendendo-me do mal e de todos os perigos.

Em casa, na escola, na rua,
Papai do Céu comigo está presente.
Protege-me de todos os males.
Confiante, com Ele sigo em frente!

Antes de dormir rezo o Pai-Nosso:

"Pai nosso, que estais no céu,
santificado seja o vosso nome;
venha a nós o vosso Reino;
seja feita a vossa vontade,
assim na terra como no céu.

O pão nosso de cada dia nos dai hoje;
perdoai as nossas ofensas, assim como
nós perdoamos a quem nos tem ofendido;
e não nos deixeis cair em tentação,
mas livrai-nos do mal. Amém".

**Papai do Céu está presente ao meu lado.
Eu vou ter bons sonhos,
um anjinho a me guardar foi enviado.**

É assim que rezo para o meu protetor:

"Santo Anjo do Senhor,
meu zeloso guardador,
se a ti me confiou
a Piedade divina,
sempre me rege, guarda,
governa e ilumina! Amém".

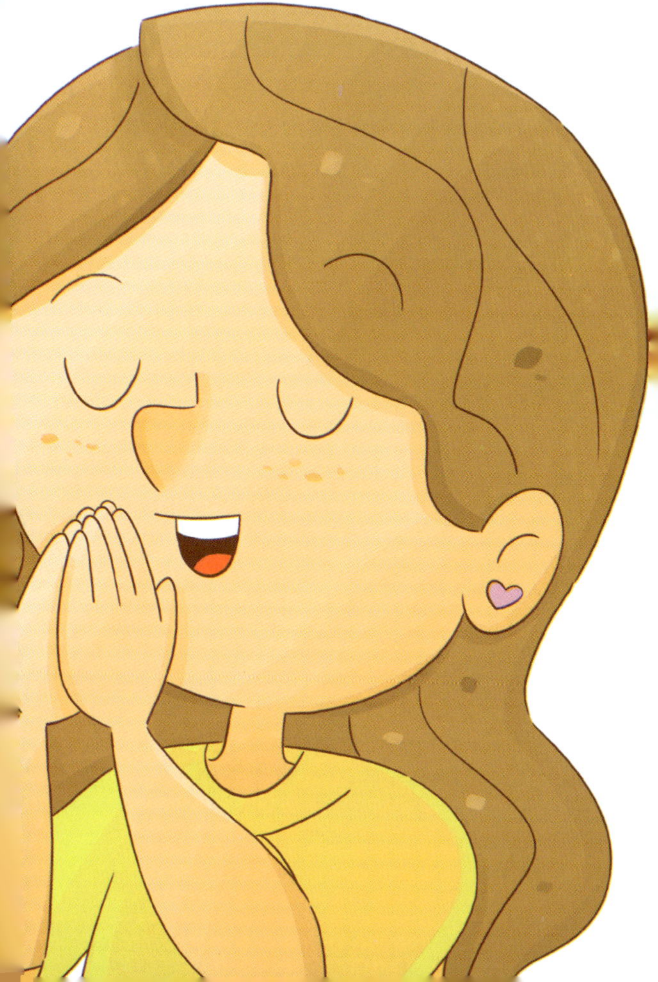

Aprendi com papai e mamãe
que Deus ama a verdade.
Nunca vou inventar mentirinhas,
em meus pensamentos mora a sinceridade.

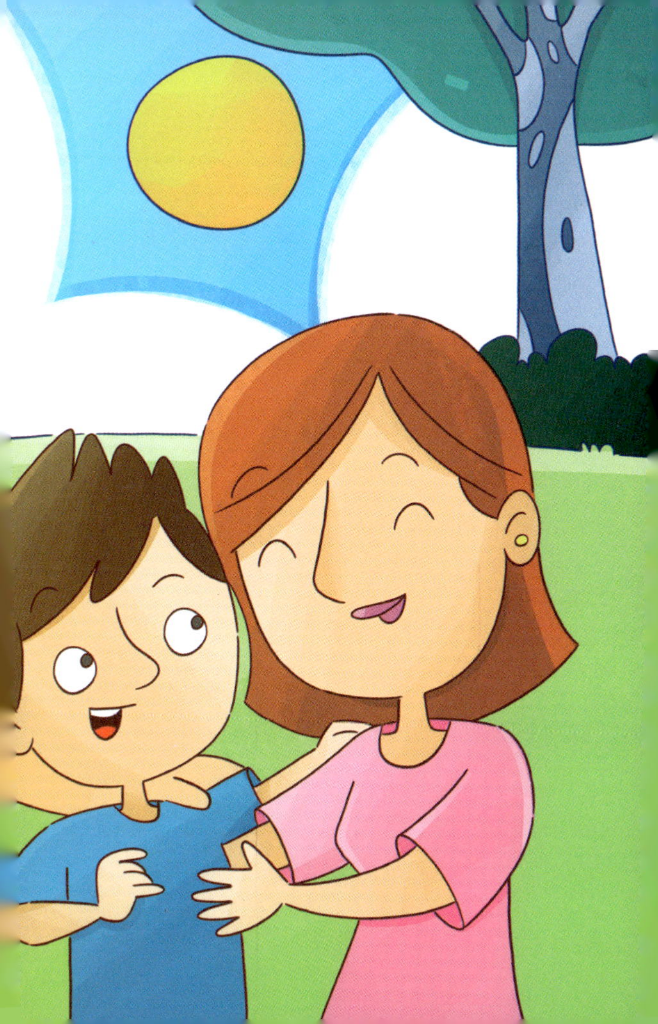

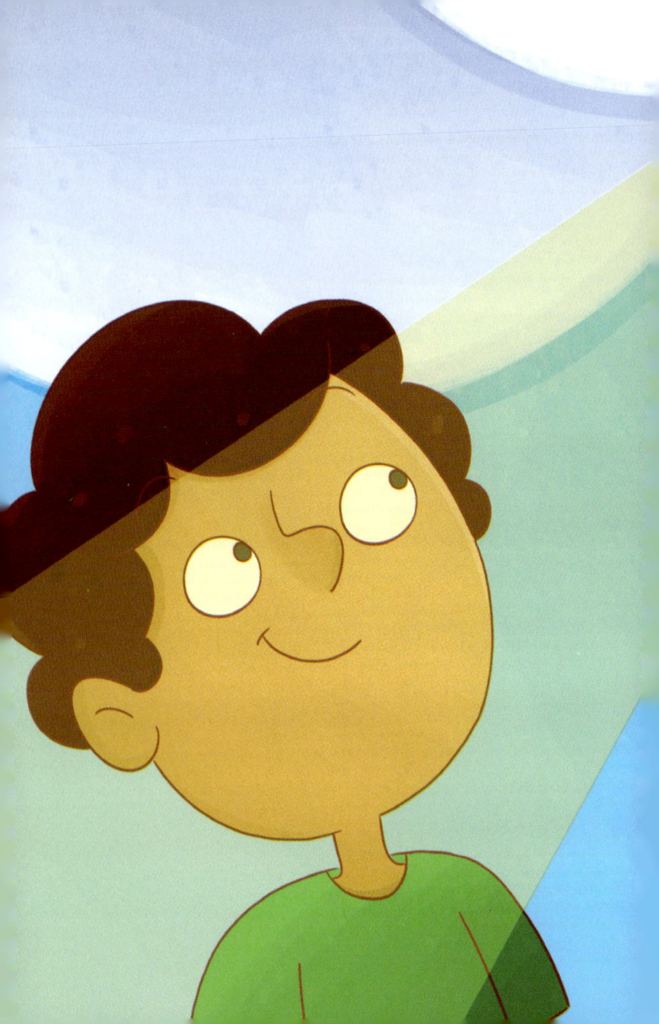

Amo a Deus e tudo o que Ele fez.
Em todas as pessoas Ele se faz presente.
É por isso que sempre respeito
as crianças e os adultos:
neles reconheço o Papai do Céu.

Papai do Céu, eu o amo tanto,
com o Senhor eu não tenho medo, não!
Obrigado pela minha vida
e por morar dentro do meu coração!

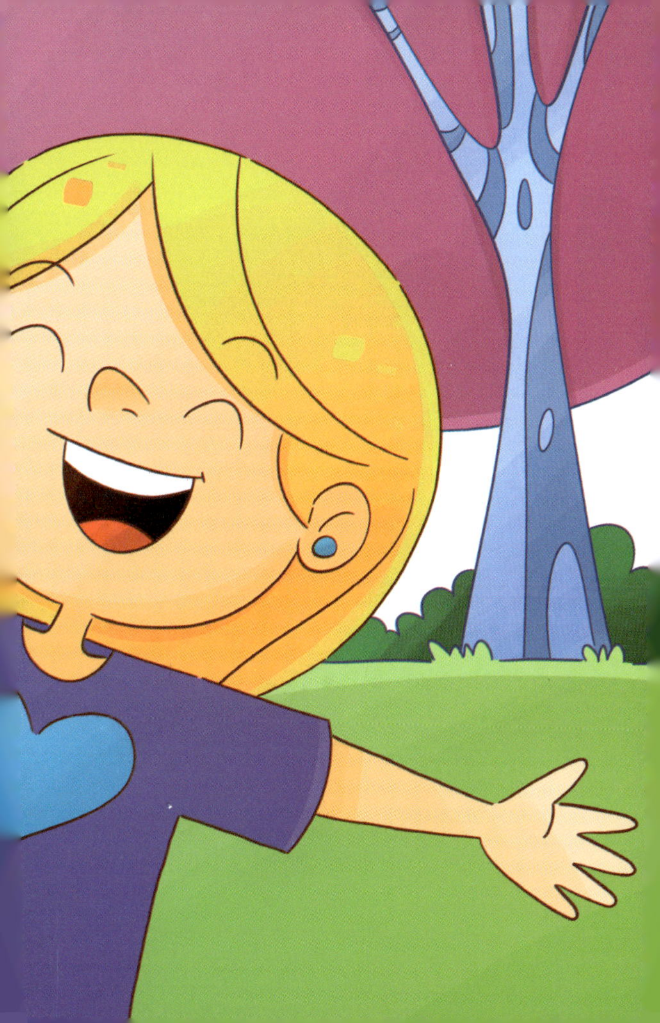

Um dia, numa grande festa no céu,
os anjinhos cantarão alegremente,
pois estará reunida toda a família de Deus.
Viveremos a felicidade e paz eternamente.

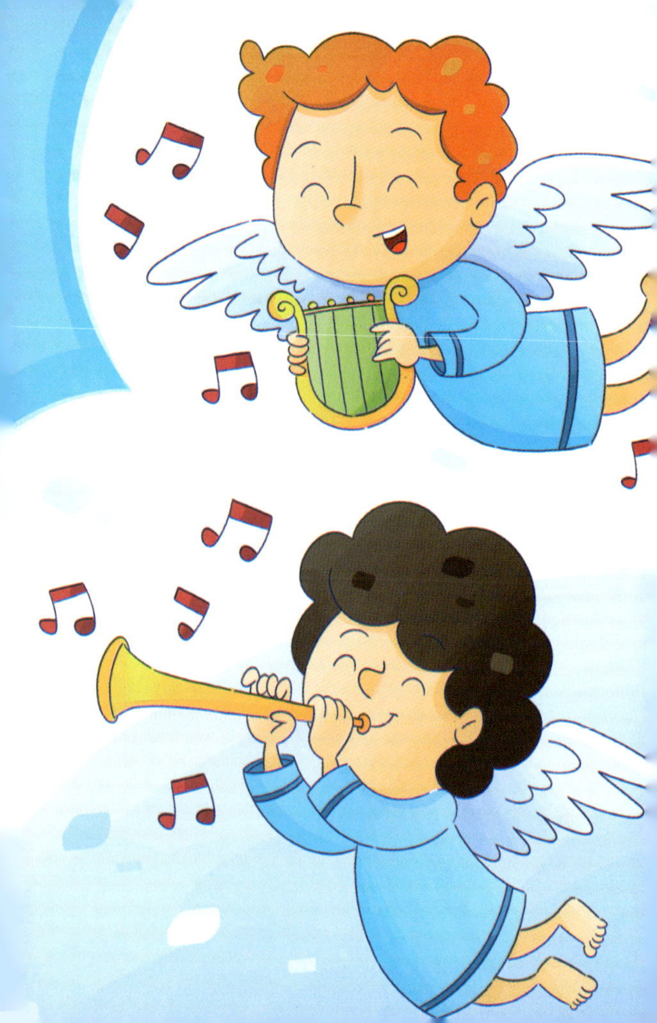

Dedicatória

Dedico este livro às crianças
Ezequiel, Juliana, Luiz Fabiano,
Pedro Otávio, Samanta, Samara e Samuel,
pequeninos do Papai do Céu.

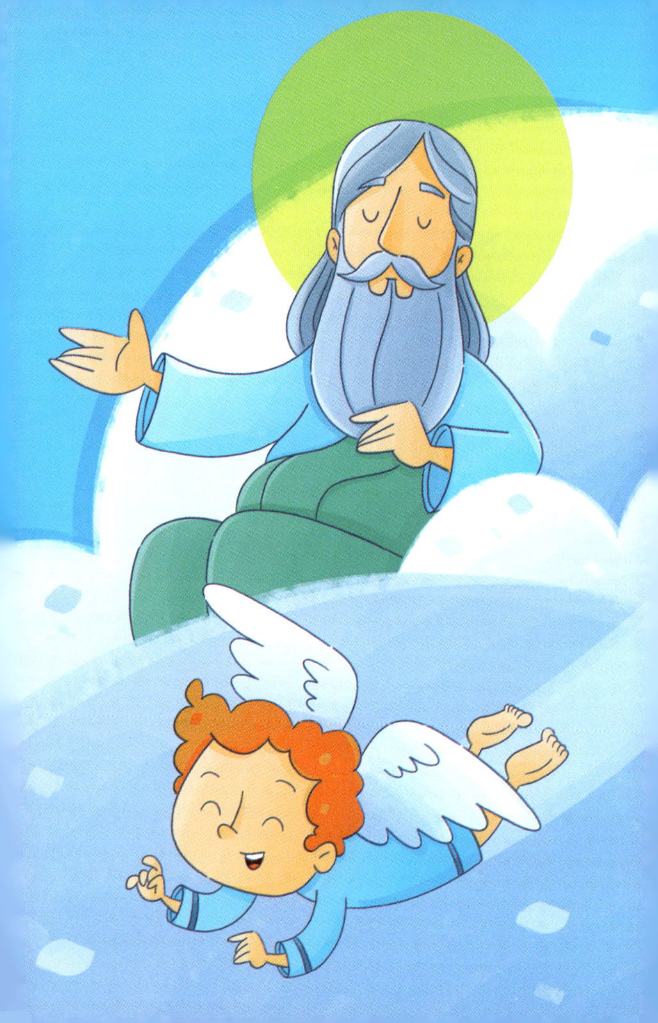

FSC MISTO
Papel produzido a partir de fontes responsáveis
FSC® C132240
www.fsc.org

A marca FSC® é a garantia de que a madeira utilizada na fabricação do papel deste livro provém de florestas que foram gerenciadas de maneira ambientalmente correta, socialmente justa e economicamente viável.

Este livro foi composto com as famílias tipográficas Yu Gothic e Calibri e impresso em papel Couchê Brilho 115g/m² pela **Gráfica Santuário**.